MÁQUINA A LASER

Cecília Monnich

MÁQUINA A LASER

Ilustração: Io Bittencourt

Catalogação na publicação
Elaborada por Bibliotecária Janaina Ramos – CRB-8/9166

M749m

Monnich, Cecília

Máquina a laser / Cecília Monnich. – Rio de Janeiro: Ases
da Literatura, 2024.

36 p., il.; 17 X 24 cm

1. Literatura infantil. I. Monnich, Cecília. II. Título.

CDD 028.5

Índice para catálogo sistemático

I.   Literatura infantil

Este livro é dedicado

ao verdadeiro Alonzo

e sua irmã Priscilla.

Brincando com esse monstro de novo, Alonzo? Vá já fazer a tarefa!

Espera aí, mãe!

Larga minhas colheres e esse monstro e vá lavar as mãos para jantar!

Mãe, eu quero uma máquina a laser!

Por quê?

Porque sim, mãe.

Pede para o seu pai. Estou muito ocupada.

Pai, eu quero uma máquina a laser.

Mesmo? O que uma máquina a laser faz?

Destrói o monstro, pai.

Que monstro?

O Jumbo! Ele é bem teimoso e resistente.

Você quer fazer uma máquina a laser? Posso te ajudar!

Já tentei, pai. Olha só! Não funciona!

Deixa eu ver.

Pai, você também não sabe fazer o laser da máquina!

É verdade, tenho que ler sobre o assunto primeiro.

Assim vai demorar muito, pai!

Mas, para ganhar uma máquina a laser, você precisa esperar seu aniversário chegar.

Quantos dias a mais, pai?

Faltam 60 dias para o seu aniversário.

JAN

Está bem, tenho uma ideia. Quer ajudar?

Claro que sim! O que vamos fazer?

Segura aí! Vamos lutar karatê com o Jumbo!

Raiaaaá!!!

Assim?

Amanhã vamos fazer guerra de cócegas no Jumbo, hein, pai?

Legal! E depois de amanhã?

Arremesso de almofadas no Jumbo!

Pai, o Jumbo está tentando escapar da fortaleza que eu fiz! Me ajuda aqui com o muro de blocos?

Alonzo, hoje vamos fazer uma trilha de obstáculos para chegar até o monstro?

Oba! Vamos lá!

Guerra de água lá fora
contra o Jumbo, pai!

Preciso trocar de roupa
primeiro!

Cheguei, Alonzo, quer jogar tênis com o Jumbo?

Eu quero! Eu quero!

Banda de Rock, pai!

Pai, hoje vamos fazer um penteado maluco no Jumbo!

Beleza!

Pai, hoje a mamãe me ajudou a preparar uma receita para deixar o Jumbo enfraquecido de tão cheio! Vamos comer?

Estou mesmo com fome!

Pai, hoje vamos ler vários livros até o Jumbo pegar no sono.

Hoje é seu aniversário, Alonzo! Já sabe o que quer?

Eu queria uma máquina a laser. Mas pensando melhor, pode me dar outro monstro?

Parece até que adivinhei! Aqui seu presente!

E vem com muitos dias para brincar com você, pai?

Bem mais que 60 dias!

Você é o melhor, pai!

Agradecimento especial ao meu marido John, minha família no Brasil e minhas amigas Ana Lígia, Gyzely e Letícia.

BIOGRAFIA DA AUTORA

Cecília Monnich

Cecília Espíndula de Faria Monnich nasceu em Uberlândia e mora nos Estados Unidos com seu marido e filhos. É formada em Letras e tem MBA em Gerenciamento, ambos pela Universidade Federal de Uberlândia. No Brasil, ela foi professora de inglês por 12 anos e, nos Estados Unidos, foi professora de espanhol, por 6 anos. Cresceu visitando a fazenda de seu avô, sua grande inspiração.

PUBLIQUE SEU LIVRO:

Não deixe de conhecer os outros

livros do selo Asinha em:

www.asesdaliteratura.com